LA CONVERSATION

DU
PÈRE NICOLAS

SON HISTOIRE

ET

SON RAISONNEMENT

PAR A. LACROIX

Auteur des Conférences sociales, commerciales
et industrielles.

Prix: **10** Centimes

SAINT-GERMAIN

IMPRIMERIE D. BARDIN

80, RUE DE PARIS, 80

—

1880

LA CONVERS

DU

PÈRE NICOLAS

SON HISTOIRE

ET

SON RAISONNEMENT

PAR A. LACROIX

Auteur des *Conférences sociales, commerciales
et industrielles.*

PRIX: 10 CENTIMES

SAINT-GERMAIN

IMPRIMERIE D. BARDIN

80, RUE DE PARIS, 80

—

1880

LA
CONVERSATION DU PÈRE NICOLAS

SON HISTOIRE

ET

SON RAISONNEMENT

Un de ces jours derniers que je me promenais seul sur la terrasse de Saint-Germain, sentant le besoin de me reposer, je m'assis sur un des bancs qu'on y trouve placés de distance en distance sous les beaux tilleuls de cette magnifique promenade. A côté de moi était assis un bon vieillard d'environ 72 à 75 ans ; Je remarquais sa physionomie débonnaire, lorsqu'il m'adressa la parole sur la pluie et le beau temps, préliminaire habituel de toute conversation entre hommes qui ne se connaissent pas ; de fil en aiguille, nous en vînmes aux événements du jour. Le raisonnement de ce brave homme me plut, et comme je l'écoutai avec un certain intérêt, je fis en sorte de prolonger cet entretien. Alors voici ce qu'il me raconta, et ma foi le fait, je crois, mérite que je vous le raconte à mon tour, cher lecteur.

Mon grand-père, me dit-il, était tailleur de son état. Lorsqu'éclata la révolution de 89, il possédait une magnifique clientèle parmi la noblesse et la haute bourgeoisie d'alors. Comme vous le pensez bien, quand vinrent les événements de 93, cette clientèle disparut et ce fut une ruine pour mon grand-père; mais comme il fallait vivre, il entra concierge dans une maison bourgeoise où il put encore exercer son état et pourvoir aux besoins de sa famille.

Mon grand-père avait un frère, qui, après avoir été ordonné prêtre, fut admis comme professeur dans la maison du duc de ***, qui malheureusement mourut quelques mois après sur l'échafaud. A la suite de cet événement, mon grand-oncle, qui avait fait des démarches pour sauver son maître du triste sort qui l'attendait, fut dénoncé comme suspect. Alors mon grand-père, par un sentiment fraternel tout naturel, s'empressa de lui offrir un refuge ; il put ainsi le soustraire aux sbires révolutionnaires pendant environ trois mois ;

mais au bout de ce temps, sa retraite ayant été découverte, il fut dénoncé de nouveau, lui comme prêtre, et mon grand-père comme ayant donné asile à un suspect ; ils furent l'un et l'autre jetés en prison et quelques jours après ils subirent le sort du duc de *** et leurs deux têtes tombèrent sous le couteau de la guillotine. C'était payer cher leur générosité et l'imprudence de mon malheureux grand-père, tout homme du peuple qu'il était.

Mon père avait alors 18 ans. Lui aussi avait embrassé la profession de tailleur qu'il exerça pendant environ trente années avec honneur et probité. Aussi, lorsqu'il mourut ne laissat-il à ma mère qu'une bien petite fortune et la charge de cinq enfants dont j'étais l'aîné. J'avais alors vingt-deux ans, et j'étais déjà assez bon ouvrier en horlogerie. Connaissant à peine les plaisirs de mon âge, je me mis résolument au travail, et tout en soutenant ma mère, n'ayant ni les habitudes des cafés, ni celle des cabarets, et n'ayant aucun goût pour la politique, à force d'ordre, de persévérance et d'économie, je parvins à m'acheter un fonds d'horlogerie. Je pus ainsi à mon tour élever mes quatre enfants, donner à chacun un état, et enfin m'amasser un petit capital dont le revenu nous suffit à moi et à ma femme pour vivre aujourd'hui heureux et satisfaits.

Je vous le dis donc franchement, mon cher monsieur, n'ayant point oublié le sort de mon grand-père et de mon grand-oncle, je n'ai jamais été porté pour les révolutions et j'ai toujours détesté les révolutionnaires ; c'était du reste une recommandation que m'avait fait mon père à son lit de mort. Aussi, en 1830, ne pris-je aucune part à la révolution et m'éloignai-je de ceux de mes camarades qui y avaient quelques dispositions. En dehors de mon travail, tout mon temps se passait du reste à faire des promenades et à la lecture. A vingt-cinq ans, j'avais déjà lu Molière, J.-J. Rousseau, un peu même Voltaire, puis l'Histoire de la révolution de M. Thiers, où je ne fus pas sans remarquer le passage où il parle du système égalitaire de Babeuf ; à vous le dire franchement, j'avais un certain penchant pour les idées socialistes ; c'était mon côté faible, comme vous allez le voir. Lors donc que parut l'ouvrage de Saint-Simon, ce grand réformateur de la société, je le lus avec avidité et ce fut là une cause déterminante qui me porta à commettre une faute que je me suis reprochée toute ma vie. Comme tout le monde, j'avais le désir d'accroître promptement ma fortune, et je rêvais quelquefois aux moyens d'y parvenir. A ce moment-là, M. M. C., sous le nom du père Enfantin, venait d'organiser le Saint-Simonisme, j'avais eu l'occasion de connaître M. M. C., je fus donc le trouver et je m'enrôlai dans cette compagnie. Je n'étais pas encore marié ; c'était en 1833. Mais au bout d'un an passé dans cet ordre, je reconnus bientôt que j'étais la dupe de ces réformateurs de société, et je m'en retirai en jurant un peu tard, comme le dit Lafontaine, qu'on ne me reprendrait plus à participer à ces folies.

C'est assez vous dire, mon cher monsieur, que je ne suis ni républicain et encore moins socialiste, et que je déplore de voir aujourd'hui nos ouvriers adopter ces principes pernicieux, sinon dangereux, car moi, voyez-vous ! je suis convaincu que dans les révolutions politiques, ou sociales, l'honnête ouvrier n'a rien à gagner, et, qu'au contraire, il a tout à perdre, attendu que les ambitieux et les intrigants, autrement dit les meneurs, seuls en ont tous les profits, ainsi que l'histoire nous en donne tant de preuves, comme je vais vous le démontrer.

*

Celui qui a dit le premier : si jeunesse savait, si vieillesse pouvait, devait bien connaître la nature humaine ; car, en effet, rien ne mûrit les idées des hommes comme l'expérience. Celle que j'ai faite dans ma jeunesse m'a donc servi de règle de conduite pour le reste de mon existence.

Indépendamment du livre de Saint-Simon, j'avais lu aussi celui de Ch. Fourier, cet autre réformateur socialiste, avec son système des Phalanstères, dont je reconnus bientôt toutes les absurdités, tant les idées me parurent irréalisables et impossibles dans l'application. J'y reconnus même une grande analogie avec le communisme de Platon et de ces socialistes allemands et italiens, qui, il y a quelques siècles, l'appliquèrent dans leurs pays et n'y obtinrent d'autres résultats que des troubles, la guerre civile et une effroyable misère parmi les populations qui en firent l'expérience.

A cette même époque, il fut aussi question de Robert Owen, ce socialiste anglais qui avait la prétention de réformer le monde industriel et de guérir les ouvriers de l'intempérance, et qui, en Amérique comme en France, ne trouva que des déceptions ; puis un autre socialiste, anglais également, lord Carisdall, qui rêva son Icarie, dont le socialiste Cabet, en 1848, fit une si triste expérience. Enfin, parurent les journaux de Pierre Leroux, de Marast et de Caussidière, qui défendaient et soutenaient tous ces systèmes de réformes sociales qui, on le sait, ont tant contribué à nous amener la révolution de 1848, et firent naître les idées du droit au travail de Louis Blanc et les principes si dangereux de Proudhon : la propriété c'est le vol, dont le résultat fut cette grande bataille fratricide des trois journées de juin, où périrent l'archevêque de Paris, sept généraux et plus de dix mille ouvriers et gardes nationaux.

Eh bien ! mon cher monsieur, je n'ai reçu qu'une bien modeste éducation : je ne me crois pas plus d'esprit qu'un autre ; mais je crois avoir assez de bon sens pour juger notre état social et les hommes en général, enfin pour comprendre le danger de toutes ces réformes ; car, comme contre-partie, j'ai lu aussi les ouvrages de Louis Reybaud, de Louis Morin, de Léon Faucher, de M. Thiers, traitant du communisme et de la propriété, qui prouvent clair comme le jour que toutes les idées de ces réformateurs ne sont que des rêves et de pures folies.

En effet, nous, bourgeois et ouvriers, — qu'avons-nous gagné à la révolution de 1848? tout le temps que dura la République, nos travaux en général étaient complètement suspendus, l'industrie était paralysée, le commerce anéanti, la fortune publique réduite de moitié, les impôts augmentés, enfin les produits de la terre portés à des prix exorbitants.

Il n'en fallut pas davantage pour ramener l'Empire qui fort heureusement nous a rendu la paix, la confiance et la prospérité que nous avions sous le gouvernement de juillet. Voilà donc où nous ont conduits tous ces socialistes d'alors, avec leurs réformes sociales. Mais aussi, moi, qui ne suis qu'un ancien ouvrier que la raison a dirigé, en ne me mêlant pas à aucune de ces révolutions, moi qui aime les ouvriers honnêtes et laborieux, vois-je avec une peine infinie, aujourd'hui, les ambitieux politiques, les déclassés, les chercheurs de places, des intrigants enfin, chercher à entraîner encore une fois nos ouvriers dans ces pièges nouveaux qu'on nomme des grèves, des congrès, des clubs, etc., vois-je avec peine leur préférence à écouter leurs discours, à lire leurs journaux, où il se débite tant de sottises, où on y émet de si faux raisonnements, où on promet tant de choses, qu'on sait bien ne pouvoir tenir, et tout cela dans le but de faire des républicains de ces ouvriers, quand on n'en fait que des révolutionnaires.

Ils sont si crédules et si confiants, ces pauvres ouvriers, qu'ils croient à toutes ces balivernes qu'on leur conte et qu'ils ne s'aperçoivent pas qu'ils ne sont que les dupes de ces gens qui veulent arriver au pouvoir et aux places, et qu'ils n'ont aucun profit à les servir.

Le proverbe vulgaire qui dit : l'appétit vient en mangeant, a bien raison ; car, maintenant que les républicains, au moyen de trois révolutions qui ont coûté tant de sang et de milliards à la France, ont obtenu une troisième fois la République, que deux fois ils n'ont pu conserver ; non contents d'avoir obtenu le vote universel ; non contents d'avoir obtenu le pardon de leurs crimes, commis sous la Commune ; non contents de faire chasser tous les honnêtes gens de nos administrations ; non contents de faire persécuter des hommes paisibles qui n'ont fait de mal à personne, et qui, au contraire, ne font que répandre du bien autour d'eux, il leur faut encore bien d'autres choses.

Ainsi, dans ces grèves, ne pousse-t-on pas les ouvriers à demander, à exiger même des augmentations de salaires exagérées et des diminutions d'heures de travail insensées, sans se rendre compte si l'industrie et le commerce peuvent supporter ces charges, et s'il n'y a pas un danger à en voir diminuer l'activité ou à en compromettre l'existence.

Dans ces congrès ouvriers n'y a-t-il pas des femmes insensées qui demandent l'émancipation des femmes et l'abolition du mariage? comme si cette institution n'était pas l'une des bases de toutes sociétés et de toutes morales.

Dans ces clubs, n'y a-t-il pas encore des hommes qui poussent les ouvriers à demander l'abolition du prolétariat, c'est-à-dire de détruire l'autorité du chef de maison qu'ils appellent le patron, à demander la direction du capital, c'est-à-dire à s'en emparer ; à demander la communauté de la propriété, c'est-à-dire à en dépouiller le propriétaire ? Enfin ne va-t-on pas jusqu'à demander la disparution de la bourgeoisie, c'est-à-dire à se défaire de tous les hommes honnêtes, riches et instruits qui font vivre nos populations; comme si la bourgeoisie n'était pas composée aux trois

quarts de travailleurs, d'artisans, d'agriculteurs
et ne constituait pas une grande partie de la
société ; et pour arriver là, il leur faut la
commune, il leur faut la république démo-
cratique et sociale, n'est-ce pas là en vérité la
plus grande des aberrations?

Voilà pourtant, mon cher monsieur, comme
on trompe l'ouvrier honnête et laborieux. Les
forts résistent bien à tomber dans ces pièges
grossiers et malhonnêtes, mais les faibles (et
ils sont encore assez nombreux ceux-là), qui
sont dominés par le désir de devenir riches,
sont assez fous pour donner tête baissée dans
cet entraînement dangereux; ils ne voient pas
les malheureux, qu'on veut faire d'eux des
pillards, des voleurs, des incendiaires, des
assassins, de vrais cannibales, de vrais sau-
vages, ils ne voient pas qu'eux, sans instruc-
tion, sans expérience, sans capacités, ils ne
seraient que la dupe des malins, des pervertis,
des sbires révolutionnaires, et qu'ils ne trouveraient, eux, dans ces révolutions, après avoir
versé leur sang, rien autre chose que la misère la plus profonde et le désespoir. Qu'ils se
figurent donc ce qu'il adviendrait si le culti-
vateur laissait tomber en friche le champ
qui nous nourrit, s'il coupait l'arbre qui pro-

duit la substance qui nous sert à nous vêtir.
Eh bien ! si les ouvriers arrivaient à détruire
la société, il pourrait en être de même, il ne
resterait plus rien pour alimenter la classe des
travailleurs, et ils finiraient par mourir de
faim. Car, s'il arrivait qu'il n'y aurait plus
de cordonniers, de chapeliers, de tailleurs,
de maçons, de charpentiers, de menuisiers ;
s'il n'y avait plus de cultivateurs, de maraî-
chers, de jardiniers et d'une foule d'autres
corps d'état, y aurait-il une société possible ?

Mais ce serait bien autre chose s'il arrivait
à Saint-Germain, par exemple, qui est une
ville composée d'environ six mille familles
dont deux mille vivent de leurs rentes, et les
quatre autres de leur commerce et de leur
travail, il prenait la fantaisie à ces deux mille
familles qui composent la bourgeoisie la plus
riche, d'aller vivre à Genève ou à Bruxelles.
Croyez-vous que les commerçants et les
ouvriers n'y perdraient pas considérablement,
et même y trouveraient des éléments suffisants
d'existence ? Je défie bien qu'on me prouve le
contraire, il faudrait être bien borné pour ne
pas comprendre cela.

Eh bien, mon cher Monsieur, n'ai-je pas
raison, et ne pensez-vous pas comme moi, vous

qui me semblez être un homme qui avez de l'expérience et de bons sentiments en même temps ?

— Oui, père Nicolas, je pense tout à fait comme vous, lui répondis-je, et je suis aussi bien convaincu que le socialisme n'est qu'un rêve irréalisable, que ce n'est que pure folie, enfin une chimère pleine de dangers, même pour ceux qui ont la faiblesse d'en croire l'application possible.

— Tenez, répliqua le père Nicolas, voici ce qu'en dit M. Thiers dans son livre *De la Propriété*.

« Tous les partisans d'une révolution sociale ne veulent sacrifier la propriété au même degré, les uns veulent l'abolir en entier, d'autres en partie ; ceux-ci se contenteraient de rémunérer autrement le travail, ceux-là voudraient procéder par l'impôt ; mais tous qui plus, qui moins, s'attaquent à la propriété. Il faut donc combattre tous ces systèmes odieux, puérils, ridicules, désastreux, nés comme une multitude d'insectes de la décomposition de tous les gouvernements, et remplissant l'atmosphère où nous vivons. Telle est l'origine de cet état de choses qui menace la société d'un écroulement général, si on ne parvient à la sauver de ce cataclysme épouvantable. »

— Eh bien, continua le père Nicolas, il est à remarquer que ce n'est qu'en République qu'on voit de pareilles choses et où germent de semblables idées dans l'esprit du peuple. Que ce n'est qu'au temps où nous jouissons le plus de liberté, que les ouvriers se laissent entraîner à adopter tous ces systèmes de socialisme et d'athéisme qui généralement dégénèrent en passions aveugles, et coupables et en une démoralisation qui conduit un peuple tout droit à la dissolution sociale par le plus affreux despotisme, la guerre civile, dont le résultat ne peut être que de faire reculer la civilisation de dix siècles. N'est-ce donc pas là le cas de répéter avec l'auteur de la chanson de la Mère Angot : C'était bien la peine, ah ! oui vraiment, de changer si souvent de gouvernement (pour en arriver là) ?

Ainsi se termina cette intéressante conversation.

Imprimerie D. BARDIN, à Saint-Germain.

Imprimerie D. BARDIN, à Saint-Germain.